家族ノート

大切なあなたへ

Introduction

この本を
手にとってくださった方へ

このノートは、写真では記録できない家族の記録を、

文字やイラストで残すためのものです。

家族は一番近くにいる他人とも言われます。

たとえ一緒に過ごす時間が長くても、想いや考えは、

伝えようとしなければ伝えられません。

家族の中のルールだとあなたが思っていることも、

実はルールではなく、

ただの習慣かもしれません。

仲間や友人と夢を語りあうことはあっても、

家族に夢を宣言する機会は意外となかったり、

「好きな食べ物」だとお互いに思いこんでいるものが、

実は何年も前に好きだったもので、今はもう、変わっているかもしれません。

近くにいるからこそ、おろそかになってしまいがちな、

家族の間のコミュニケーションを見直し、深めるために

ぜひこのノートを役立ててもらえれば幸いです。

How to

基本的な使い方

家族みんなで使う場合

家族団らんの時間に一つのテーマを
みんなで話し合ったり、お互いに取材し合って、
項目を埋めていってください。
週に１回や月に１回など、定期的に、
ノートを書く日を決めてもいいかもしれません。
書き終わってしばらく経ってから、同じ項目を
もう一度書いてみると、面白いかもしれません。
それぞれに、自分で書いてもらうと
手書きの文字が残って思い出になりそうですね。

自分一人で使う場合

まずは、わかる項目から始めていって、
その後に、書けなかった項目を、
家族にインタビューして書いてみてください。
その過程で家族に関して、新しい発見や気づきがあるかもしれません。
書き終わったら、家族にプレゼントしたり、
一緒に読む時間を作ってみてください。

【 質問ページの使い方 】

例えばこんな使い方

みんなで話し合ったり、お互いに取材し合って項目を埋めていきます。

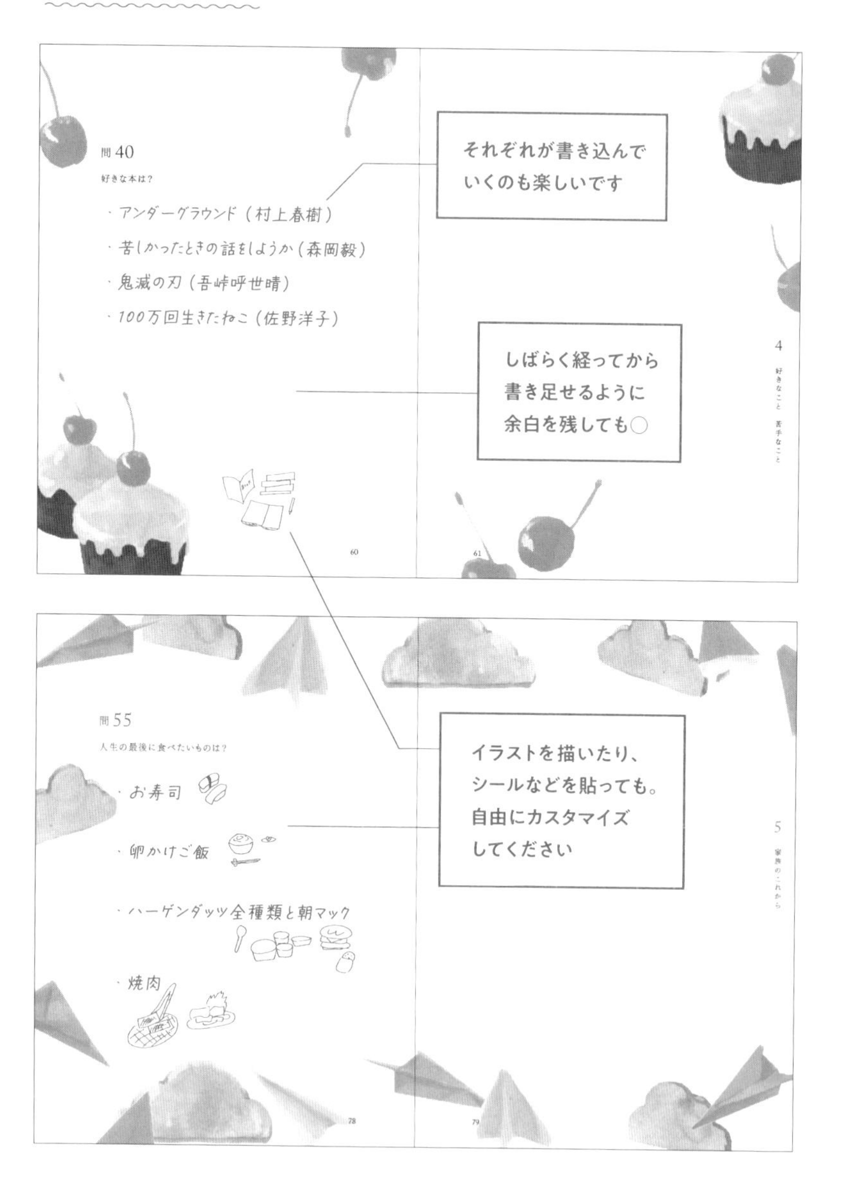

【 6章　メッセージページの使い方 】

例えばこんな使い方　家族の誰かに宛てたメッセージを書くページとしても活用できます。

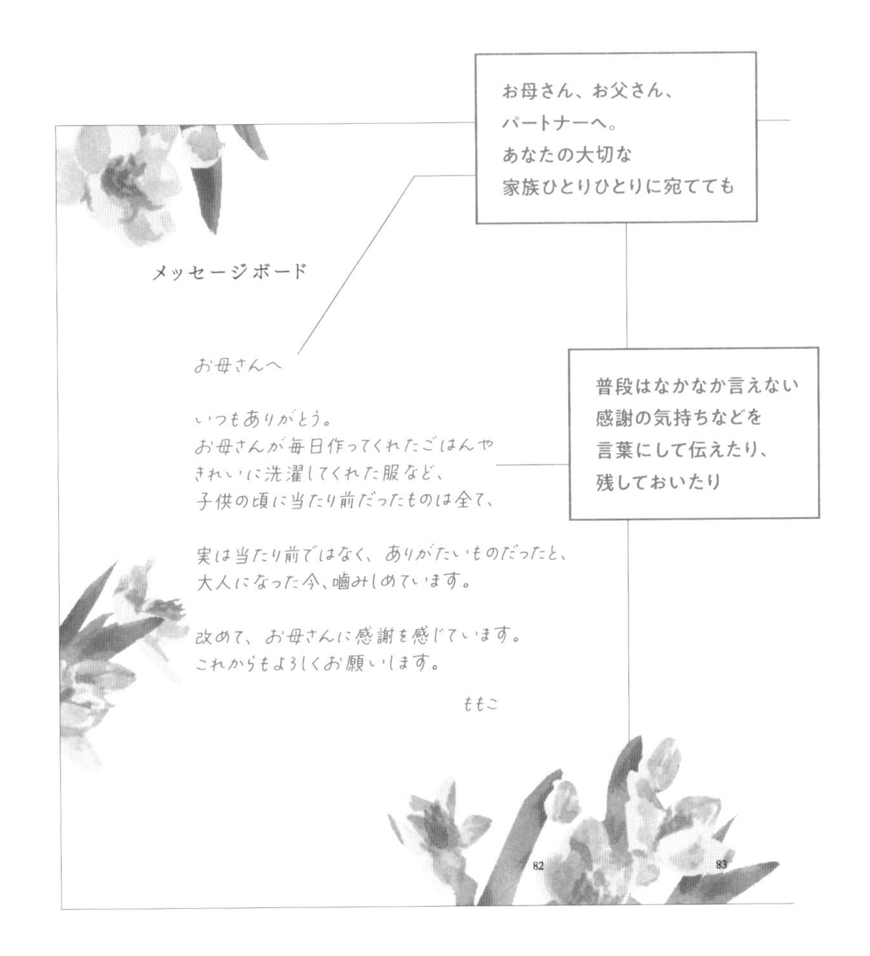

Contents

1

家族の名前＆プロフィール

PROFILE

問1

みんなの名前・誕生日・血液型・出身地は？

問 2

みんなの趣味は?

問 3

朝型？　夜型？

問4

大きな怪我や病気をしたことはある?

問 5

一番大事な記念日は？

問 6

我が家の家訓は？

MEMO

2

家族
ヒストリー

HISTORY

問 7

我が家の「思い出の味」は？

2 家族ヒストリー

問8

これまでの引っ越し歴は?

問 9

いつか住んでみたい場所は？

問 10

これまでの家とその間取りは？ 一番好きだった家は？

2 家族ヒストリー

問11

これまでの旅行歴は？

問 12

思い出に残っている旅先は？

問 13

家族で見て思い出に残っている映画やドラマは？

問 14

家族でハマったことは？

問 15

思い出に残っているプレゼントは？

2 家族ヒストリー

問 16

ペットを飼ったことはある？

問 17

これまでにあった家族の危機は？

問 18

家族に言われて嬉しかったことは？

2

家族ヒストリー

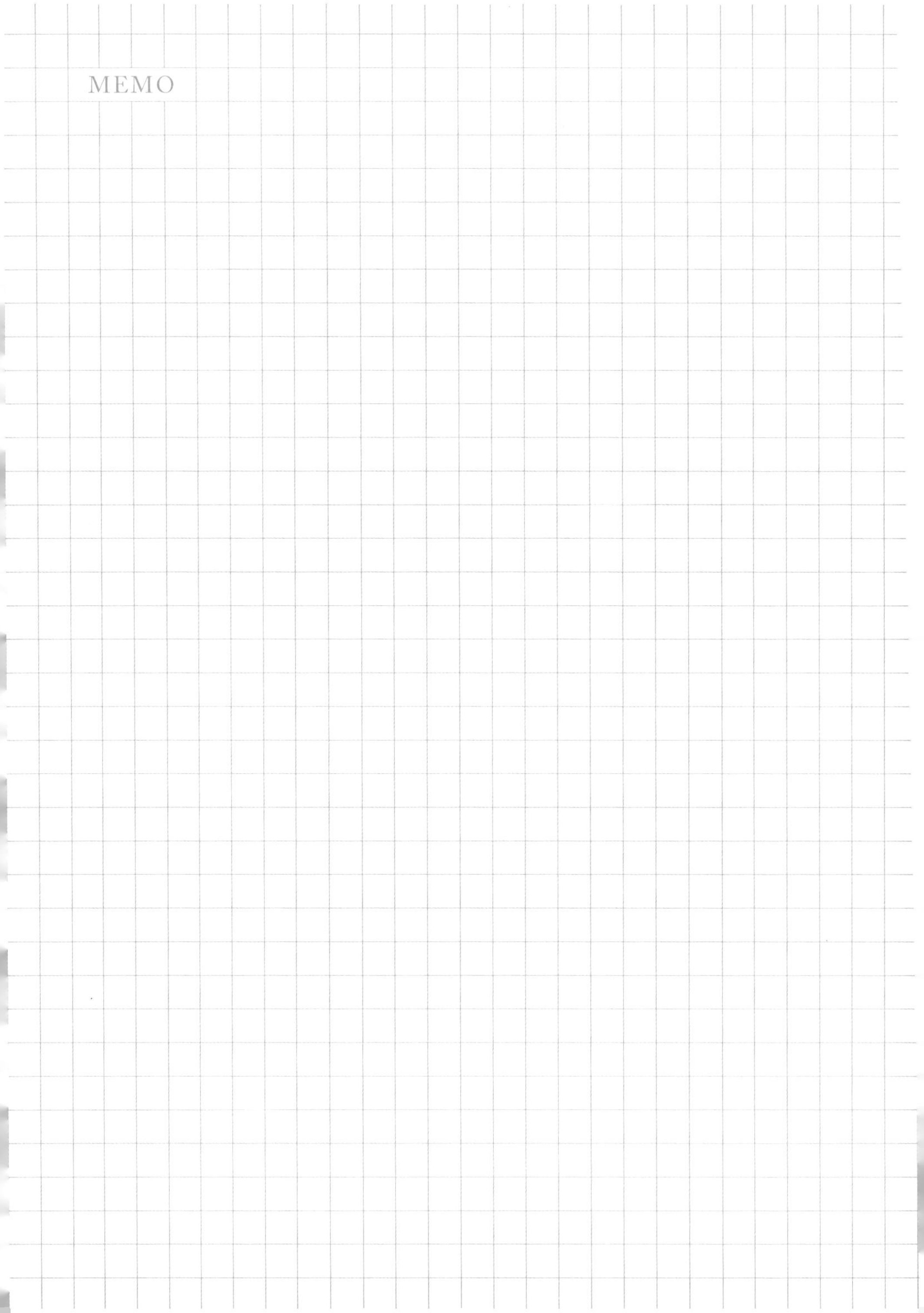
MEMO

3

家族の現在地

PRESENT

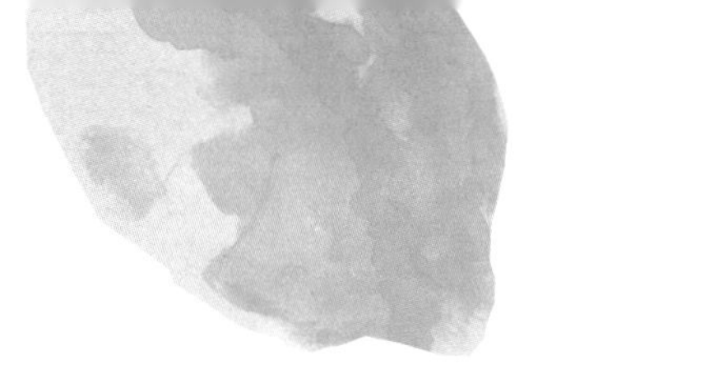

問 19

あなたの家のお雑煮は？

問 20

お弁当の定番のおかずは？

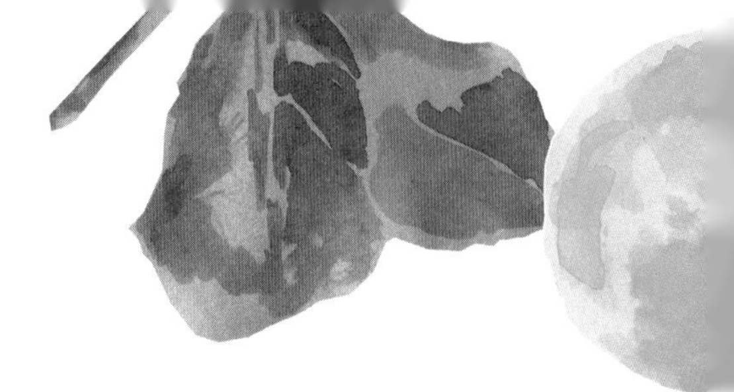

問21

お正月は毎年どう過ごす？

問 22

夏休みは毎年どう過ごす？

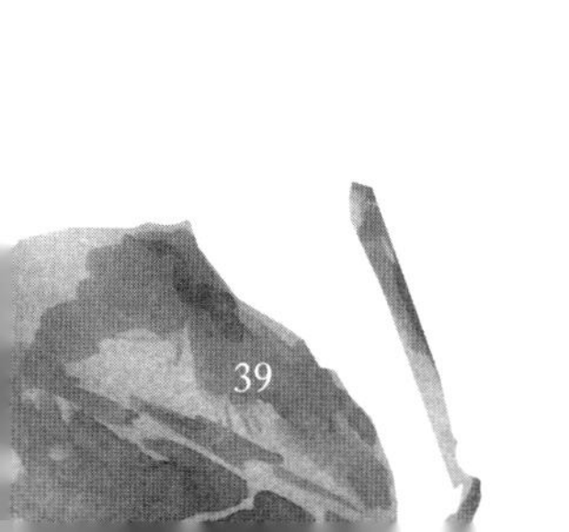

問23

クリスマスは毎年どう過ごす？

問 24

よく見るテレビ番組は？

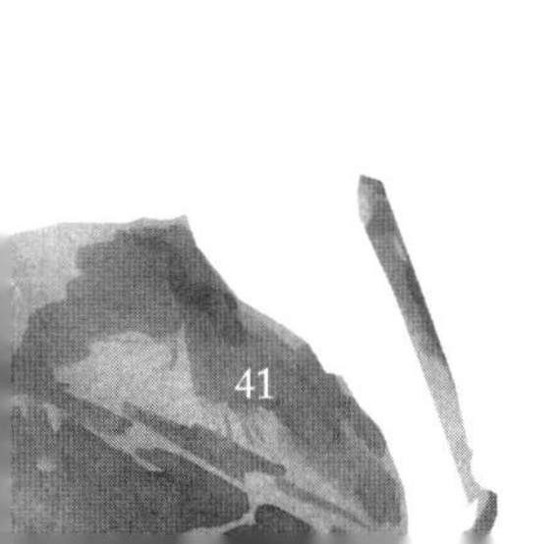

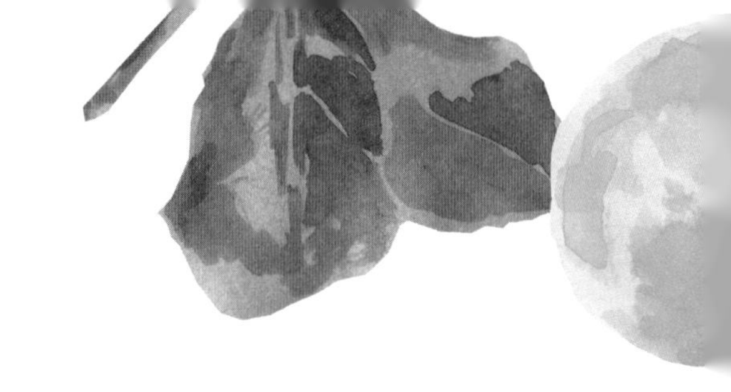

問 25

家族みんなの役割は？

3 家族の現在地

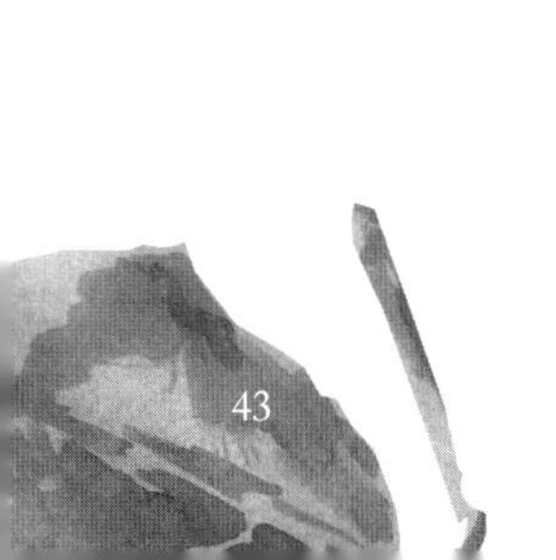

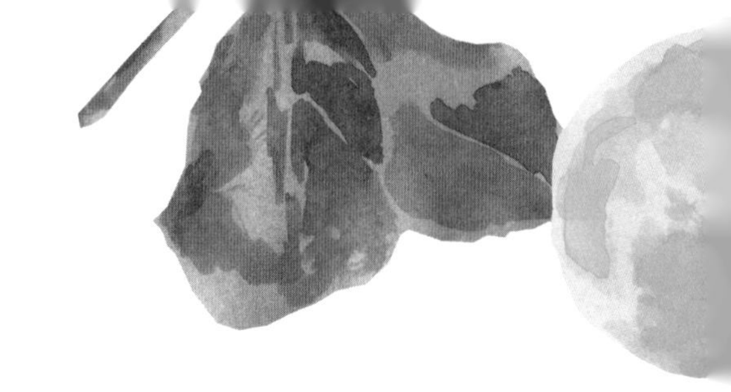

問26

家族の中のルールは？

問 27

休みの日は何をすることが多い?

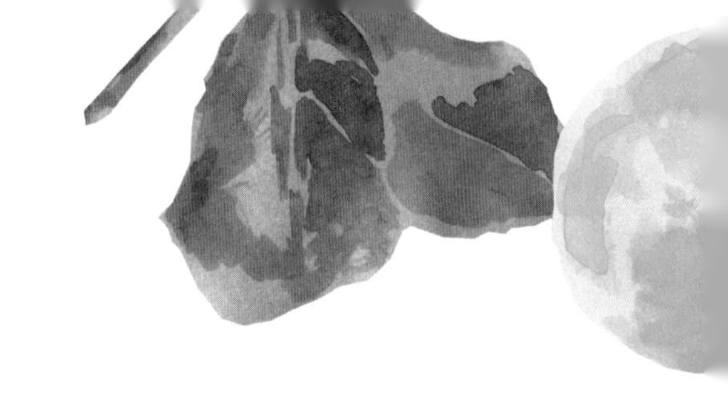

問28

今欲しいものは？

問 29

家族の一番の心配は？

MEMO

4

好きなこと
苦手なこと

LIKES *and* DISLIKES

問30

家族の好きな食べ物は?

問 31

好きな飲み物は?

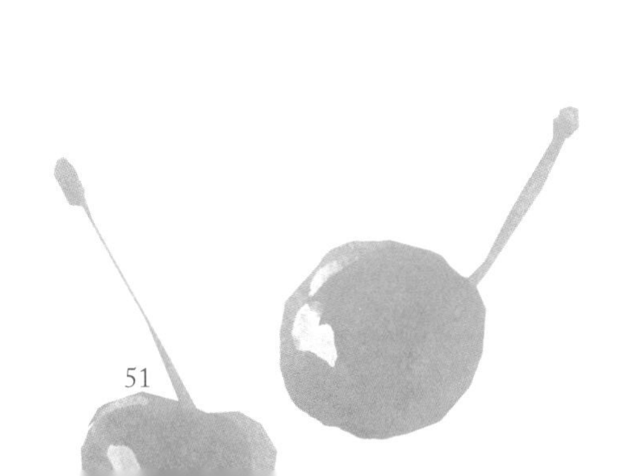

問32

苦手な食べ物は？

問 33

好きな色は?

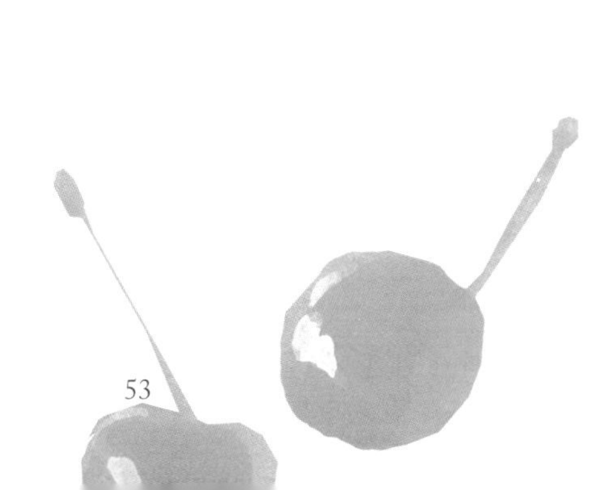

問 34

好きな季節とその理由は？

問35

みんなの一番好きな有名人とその理由は？

問36

海と山、どっちが好き？

問 37

都会と田舎どっちが好き?

問 38

好きな国は?

問 39

好きな映画は?

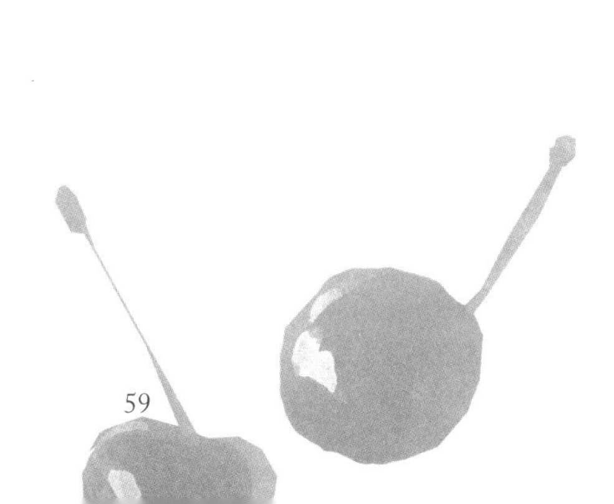

問 40

好きな本は？

問 41

家族の好きなスポーツは？

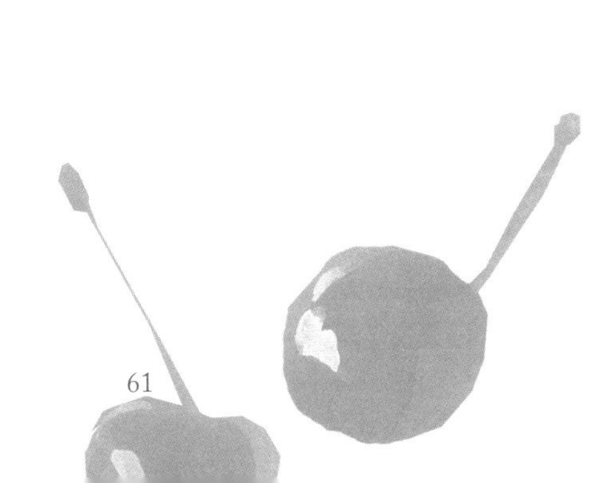

問 42

好きなドラマは？

問 43

何をしているときが幸せ？

問44

苦手なことは？

問 45

一番怖いことは何？

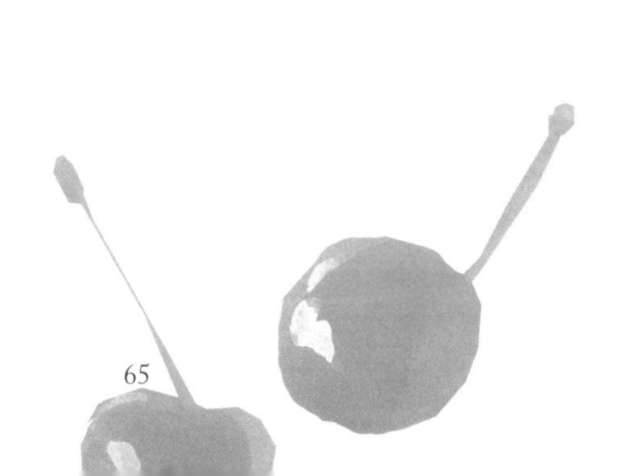

問46

最近泣いたことは？

問 47

最近嬉しかったこと、楽しかったこと、驚いたことは？

MEMO

5

家族の
これから

FUTURE

問48

家族みんなの夢は?

5 家族のこれから

問49

どんな家族になりたい？

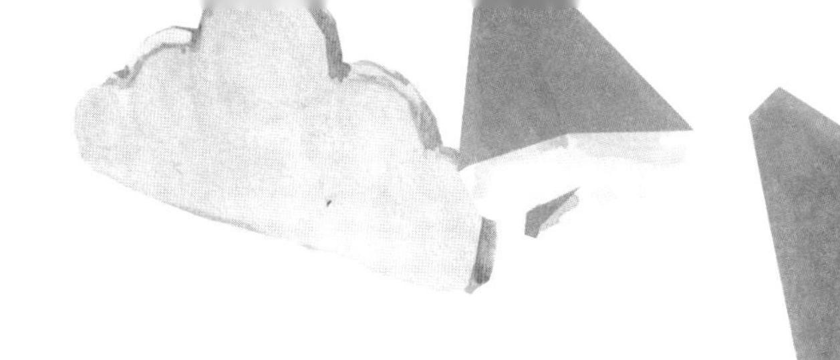

問50

理想の家は？（場所・外観・間取りなど）

問 51

これから旅行したい場所は？

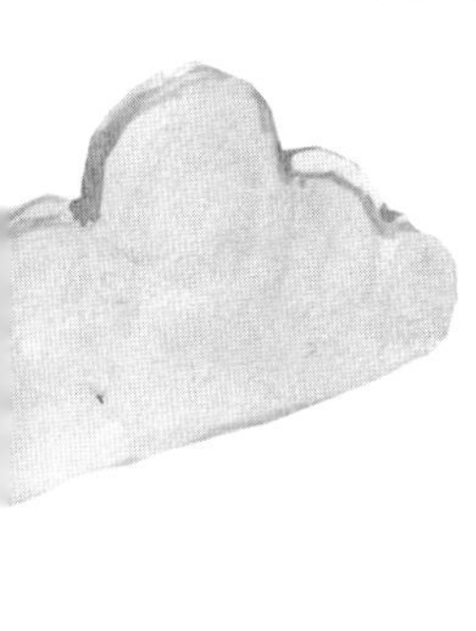

問52

お金がたくさんあったら何に使いたい？

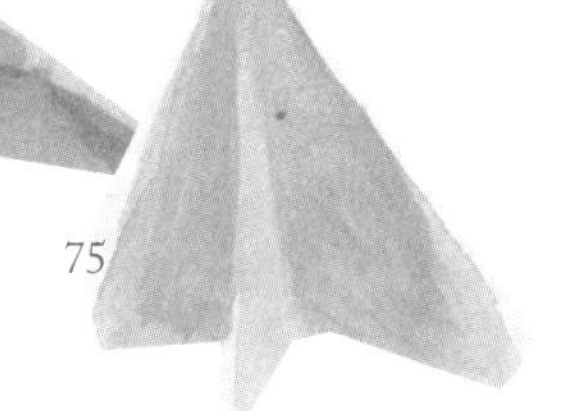

問53

自分の直したいところは？

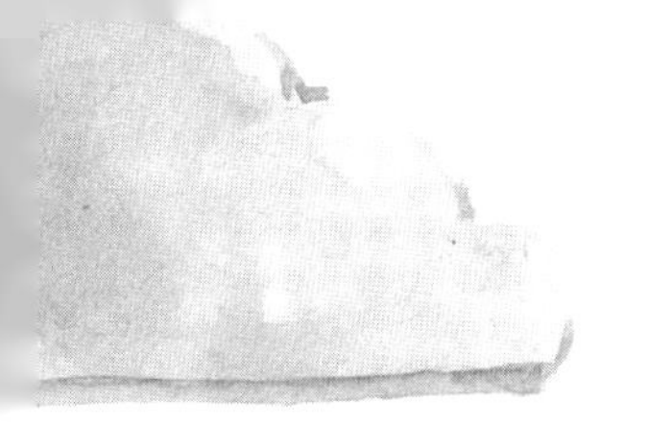

問54

いつか食べたいものは？

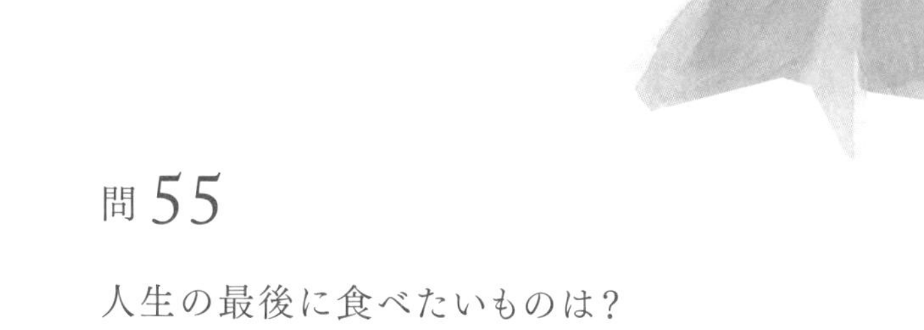

問55

人生の最後に食べたいものは？

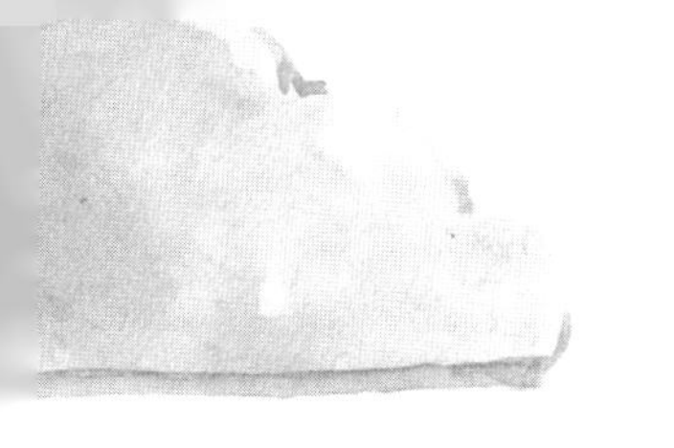
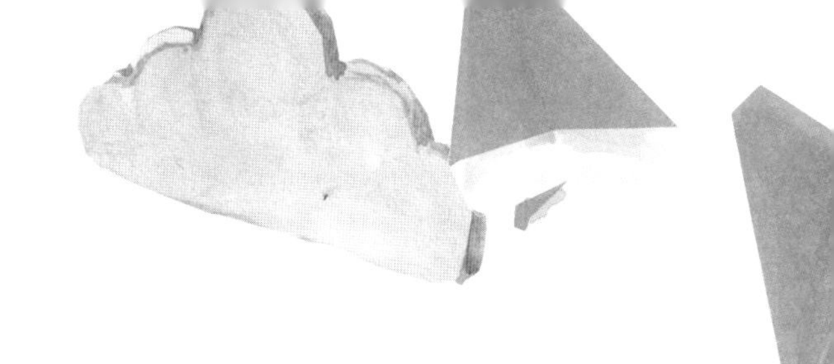

問56

余命一週間なら何をする？

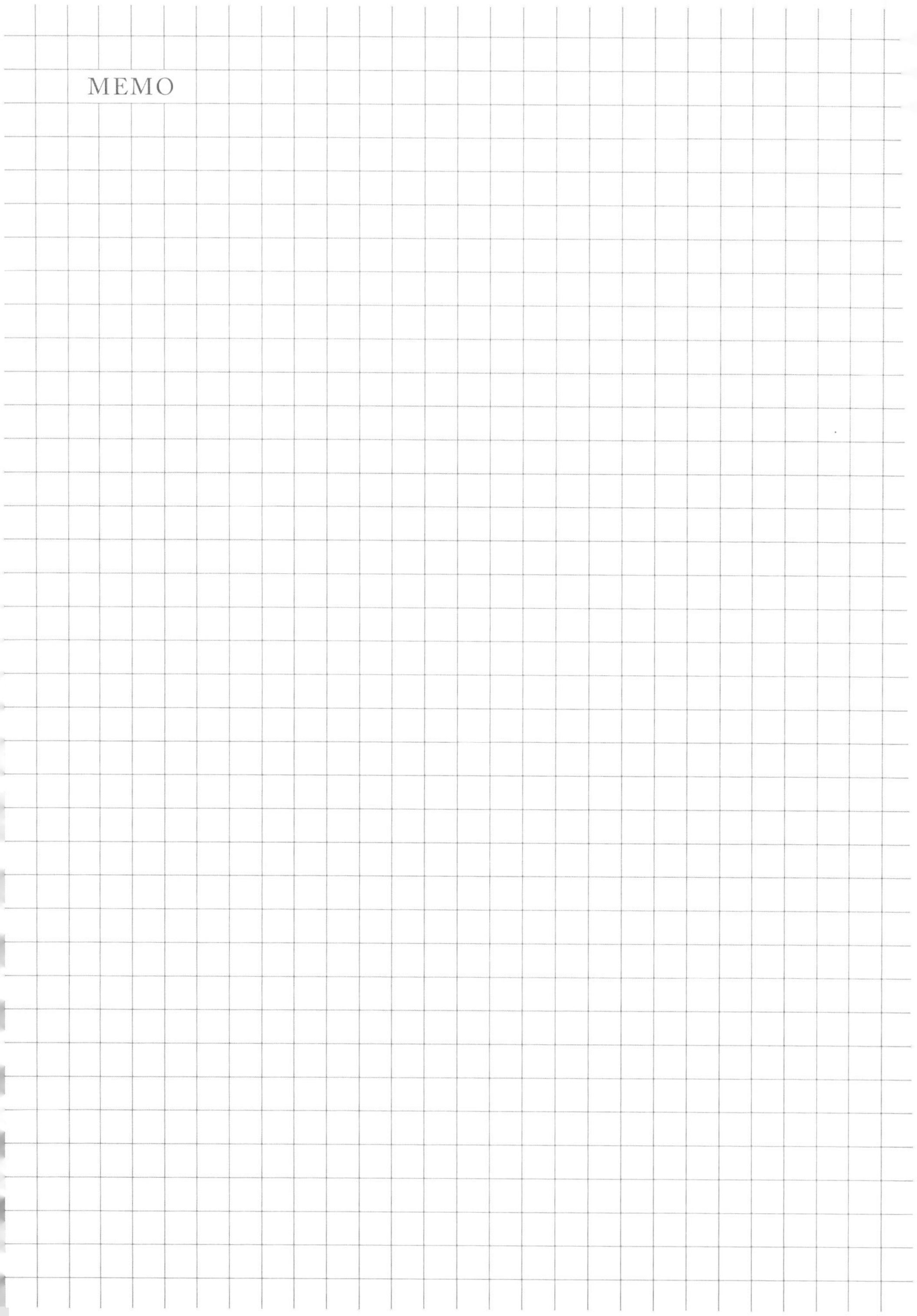
MEMO

6

家族のエピソード&思い出

MEMORY

メッセージボード

6
家族のエピソード&思い出

6

家族のエピソード&思い出

家族○○ランキング

早起きランキング、足が速い人ランキング、記憶力ランキング
などなど家族内のランキングをつくってみましょう

6

家族のエピソード&思い出

家系図メモ

6

家族のエピソード&思い出

思い出エピソード

6

家族のエピソード＆思い出

6

家族のエピソード＆思い出

家族の連絡先

（緊急連絡先、緊急時の集合場所）

このノートを書いた日

家族ノート　大切なあなたへ

令和５年４月10日　初版第１刷発行

企画・文章・プロデュース　はあちゅう　@ha_chu

発行者　辻浩明（つじひろあき）

発行所　祥伝社（しょうでんしゃ）

〒101-8701　東京都千代田区神田神保町3-3

電話　03(3265)2081(販売部)

電話　03(3265)1084(編集部)

電話　03(3265)3622(業務部)

印刷・製本　図書印刷

装　丁　荻原佐織（PASSAGE）

イラスト　よしいちひろ

ISBN978-4-396-61804-9 C0095
Printed in Japan
祥伝社のホームページ　www.shodensha.co.jp